...IONS USUELLES

DE

DROIT PRATIQUE

Résumé de Conférences faites, en 1874,
au Cercle catholique des Ouvriers de Vannes.

Par F. BERNARD

Docteur en droit, Membre associé du Cercle catholique
des Ouvriers de Vannes.

VENDU AU PROFIT DU CERCLE CATHOLIQUE
DES OUVRIERS DE VANNES.

VANNES

IMPRIMERIE GALLES, RUE DE LA PRÉFECTURE.

1874.

F

NOTIONS USUELLES

DE

DROIT PRATIQUE

Résumé de Conférences faites, en 1874,
au Cercle catholique des Ouvriers de Vannes.

I. Du Mariage. — II. De la Paternité et de la Filiation. —
III. De la Puissance paternelle. — IV. De la Tutelle.

Par F. BERNARD

Docteur en droit, Membre associé du Cercle catholique
des Ouvriers de Vannes.

VANNES

IMPRIMERIE GALLES, RUE DE LA PRÉFECTURE.

1874.

A SA GRANDEUR

MGR J.-M. BÉCEL

ÉVÊQUE DE VANNES.

F. BERNARD.

A. M. F. BERNARD

DOCTEUR EN DROIT

Membre du Comité du Cercle catholique des Ouvriers
de Vannes.

MONSIEUR,

Non content de consacrer à l'instruction des
ouvriers qui fréquentent le Cercle catholique
de Vannes, les loisirs que vous laissent vos
fonctions, vous vous proposez de publier, au
profit de cette œuvre importante, quelques
notions usuelles de droit pratique. C'est une
généreuse pensée, que je bénis et dont je
vous remercie cordialement. Pourriez-vous
faire un meilleur usage de votre talent et
des connaissances que vous avez acquises
dans l'exercice de votre noble profession? Je
vous en félicite et me réjouis que vous me

fournissiez l'occasion de manifester mon paternel intérêt à ces chers jeunes gens, dont les besoins égalent notre sollicitude. Je me plais pareillement à exprimer de nouveau ma sincère gratitude à tous ceux qui, dans mon diocèse, déploient, dans le même but et avec non moins de succès, un zèle digne d'éloges. Cette vraie fraternité leur vaudra, comme à vous, les bénédictions de Dieu et l'estime des gens de bien.

Mon suffrage vous demeure acquis, Monsieur, j'y joins l'assurance de mes sentiments dévoués.

Vannes, le 2 décembre 1874.

† JEAN-MARIE, *Év. de Vannes.*

AVANT-PROPOS.

Je n'ai sans doute pas besoin d'affirmer que l'opuscule que je livre aujourd'hui à un public spécial n'a aucune prétention doctrinale. J'ai conduit jusque dans l'antichambre du parquet, jusqu'au seuil de l'avoué, jusqu'au prétoire du juge de paix, l'ouvrier qui, trop souvent, se trompe de route, et, renvoyé de Caïphe à Pilate, consume en démarches vaines un temps précieux pour le travail. Ménager le temps et la bourse de l'ouvrier, mon ambition ne va pas au-delà. A Dieu ne plaise que je rende à mes lecteurs le mauvais service d'en faire des demi-savants. Ils ne seront pas beaucoup moins ignorants après la lecture de ce *guide*, qu'avant d'en avoir feuilleté les pages; mais, le guide en main, ils auront peut-être pu s'épargner quelques fausses démarches et quelques dépenses inutiles. S'ils gagnent de la sorte un peu de temps, je n'aurai pas perdu le mien.

Vannes, Octobre 1874.

F. BERNARD.

NOTIONS USUELLES

DE

DROIT PRATIQUE.

DU MARIAGE.

SECTION I. — DES DÉMARCHES NÉCESSAIRES POUR PARVENIR A SE MARIER.

1.—Le mariage, ce contrat primordial qui fait la base de toute société, a été élevé par l'Église à la dignité de sacrement. C'est en vain que des considérations politiques ont fait établir à côté de la solennité religieuse qui confond pour toujours deux existences, des formalités civiles aujourd'hui passées dans nos habitudes, et qui présentent, au point de vue de la publicité du lien conjugal, du règlement de certains intérêts matériels, d'incontestables avantages. Personne ne se méprend au sens de ces formalités, et tout en reconnaissant qu'elles sont

1*

protectrices et respectables, tout en s'inclinant devant une loi qui les a déclarées nécessaires, ceux qui vont demander aux fonctionnaires municipaux la consécration obligée de leur union, sentent bien qu'il n'est si belle parole prononcée par le représentant de la loi qui suffise à unir pour l'éternité deux âmes désormais destinées à n'en faire qu'une. Dans le domaine de Dieu seul se produisent semblables miracles. Et c'est déjà un bien grand honneur pour les humbles agents des pouvoirs terrestres, de conduire les époux jusqu'au seuil du domaine divin.

Les formalités civiles du mariage ont dû nécessairement préoccuper les associations catholiques. Deux sociétés bien connues en font, l'une, le principal objet de ses soins, l'autre, l'accessoire important des œuvres de charité qui l'ont rendue célèbre. La société de Saint-François-Régis a été fondée en vue de l'assistance à prêter à ceux que la pauvreté ou leur ignorance des démarches nécessaires ferait hésiter à demander aux ministres du culte et aux autorités civiles la consécration d'un contrat que la religion, la loi et la nature ont fait trois fois sacré. La société de S.-Vincent-de-Paul ne s'occupe de l'œuvre des mariages que dans les villes où la société de Saint-François-Régis n'est pas représentée.

Nous conseillons donc à nos lecteurs de ne pas hésiter à s'adresser, le cas échéant, aux membres des sociétés de Saint-François-Régis et de Saint-Vincent-de-Paul. Ceux qui font partie des cercles catholiques se trouvent tout naturellement en rapport avec les diverses associations catholiques auxquelles ils sont parfois affiliés et près desquelles ils ont, en la personne de l'aumônier du cercle, un intermédiaire tout trouvé.

2. — Mais comme la société de Saint-François-Régis n'est constituée que dans un nombre restreint de centres populeux, comme les conférences de Saint-Vincent-de-Paul, si nombreuses qu'elles soient, n'existent pas dans toutes les villes de France, il est de notre devoir de signaler aux ouvriers les moyens économiques auxquels ils peuvent, en dehors de l'action des sociétés de bienfaisance, recourir alors qu'ils désirent se marier.

3. — Ces moyens économiques ne sont pas accessibles à tout le monde, mais seulement à ceux qui sont dans l'impossibilité d'acquitter le montant des droits à percevoir par les diverses

administrations qui délivrent les pièces nécessaires à la célébration du mariage, c'est-à-
dire des droits de timbre, de greffe et
d'enregistrement. (Art. 8 de la loi de finances
du 3 juillet 1846).

Cette impossibilité se justifie à l'aide : 1º d'un
certificat du commissaire de police, ou du maire
dans les villes où il n'existe point de commissaire de police, certificat constatant l'état
d'indigence de l'impétrant ; 2º d'un certificat
délivré par le percepteur et constatant que
l'impétrant paie moins de 10 francs de contributions. (Ordonnance du 30 décembre 1846 et
loi du 10 décembre 1850.)

La loi des 10, 18 décembre 1850 venant au
secours de toute personne en mesure de fournir
cette double justification décide que : « Les
pièces nécessaires au mariage des indigents....
seront réunies par les soins de l'officier de
l'état civil de la commune dans laquelle les
parties auront déclaré vouloir se marier. — »

« Art. 2.— Les procureurs de la République
pourront, dans les mêmes cas agir d'office et
procéder à tous actes d'instruction préalable à
la célébration du mariage..... »

L'article 4 de la même loi affranchit les

indigents du paiement de tous les droits énumérés plus haut (droits de timbre, de greffe et d'enregistrement).

— En résumé, si vous êtes forcé par l'exiguité de vos ressources de vous soustraire à l'acquittement des droits de greffe et des divers droits fiscaux, alors que, suivant l'expression consacrée, *vous réunissez vos papiers* en vue d'une union projetée, vous avez le choix entre deux partis : 1º Mettre vos intérêts entre les mains de la société de Saint-François-Régis ou des conférences de Saint-Vincent-de-Paul ; 2º Vous procurer les deux pièces indiquées dans l'art. 8 de la loi du 10 décembre 1850, et recourir à l'intervention soit du maire de la commune où le mariage doit être célébré, soit du procureur de la République de l'arrondissement.

4. — Nous plaçant sur un terrain absolument pratique, nous allons énumérer les pièces, les *papiers* qui doivent être recueillis et remis par les futurs époux entre les mains de l'officier de l'état civil.

Cette énumération, dont nous comptons justifier chaque article, servira de cadre aux développements sommaires qu'il nous faut consacrer aux « *qualités et conditions requises pour pouvoir contracter mariage* (chap. I du titre **V**, livre I du code civil). »

I. — Première pièce à produire :

L'ACTE DE NAISSANCE DE CHACUN DES FUTURS ÉPOUX.

5. — Cette pièce présente une triple importance, elle fait connaître : 1° *l'âge des futurs;* or, « l'homme avant dix-huit ans révolus, la femme avant quinze ans révolus ne peuvent contracter mariage. » Un des buts principaux du mariage étant la procréation des enfants, il serait absurde d'autoriser à le contracter ceux dont le développement physique n'est pas complet ; et comme d'autre part la constatation de ce développement physique ne pourrait résulter que d'un examen impossible et tout au moins indécent, le législateur a fixé un âge à partir duquel le corps étant censé avoir acquis la perfection de ses facultés reproductrices, on peut envisager dans l'union légitime de l'homme et de la femme autre chose que la consécration de débauches stériles.

6. — Le chef de l'État peut, à la rigueur, accorder des dispenses d'âge, mais ces dispenses sont fort difficiles à obtenir. En pareille

matière, il faut s'adresser aux officiers du parquet qui, seuls, sont capables de guider les impétrants au milieu des détails compliqués de la procédure à suivre.

L'acte de naissance sert en outre à établir la filiation des futurs époux ; et les développements dans lesquels nous allons entrer tout à l'heure, sur les consentements nécessaires à la validité du mariage, feront ressortir l'importance de cette indication.

7. — Il peut arriver que l'un des futurs époux n'ait pas été inscrit lors de sa naissance sur les registres de l'état civil. En ce cas, il faut obtenir du tribunal d'arrondissement dans le ressort duquel on est né, un jugement qui est inscrit sur les registres et qui sert d'acte de naissance. — Pour obtenir ce jugement, celui qui n'est pas indigent est obligé de recourir au ministère d'un avoué. — Ceux qui sont munis d'un certificat d'indigence et d'une déclaration du percepteur constatant qu'ils paient moins de 10 fr. de contribution, n'ont qu'à remettre ces pièces au procureur de la République que la loi charge de leurs intérêts.

8. — Au lieu d'obtenir un jugement déclarant l'état civil, on peut faire établir un *acte de*

notoriété, c'est-à-dire un acte constatant qu'il est de notoriété publique que l'impétrant est né à telle époque, en tel lieu, de tels et tels parents. L'acte de notoriété est dressé par le juge de paix du lieu de naissance, ou par le juge de paix du domicile de l'impétrant.

« Art. 71. Code civil : L'acte de notoriété contiendra la déclaration faite par *sept témoins de l'un ou de l'autre sexe*, parents ou non parents, des prénoms, nom, profession et domicile du futur époux, et de ceux de ses père et mère s'ils sont connus ; le lieu et, autant que possible, l'époque de sa naissance et les causes qui empêchent d'en rapporter l'acte. »

L'acte de notoriété une fois dressé doit être remis au procureur de la République qui le fait *homologuer*, c'est-à-dire confirmer par le tribunal du *lieu dans lequel le mariage doit être célébré.*

Si l'impétrant n'est pas indigent, il est obligé de payer le coût de l'acte au greffier du juge de paix (ce coût est de 5 fr. 25, y compris l'enregistrement), et de recourir pour l'homologation au ministère d'un avoué.

II. — Deuxième pièce à produire :

LE CONSENTEMENT DES PERSONNES QUI ONT AUTORITÉ
SUR LE FUTUR ÉPOUX.

9. — Il faut ici faire plusieurs distinctions.

10. — *A.* Tout futur qui a son père et sa mère est obligé de produire le consentement de l'un et de l'autre. — Le mot *consentement* que nous employons ici, n'est peut-être pas très exact dans l'espèce ; il vaudrait mieux dire, l'*avis* de l'un et de l'autre. Car si la mère refusait son consentement, celui du *père* suffirait. Néanmoins, il faudrait produire l'avis de la mère encore qu'il ne puisse exercer aucune influence sur l'union projetée. L'officier de l'état civil ne procéderait pas à la célébration du mariage, si on ne lui remettait que le consentement du père du futur. L'avis de la mère doit être connu.

Lorsque le père et la mère assistent à la célébration du mariage, leur consentement est donné verbalement. S'il est donné par écrit, il en est dressé acte par un *notaire* (ne pas négliger dans le cas où l'on est indigent de communiquer au notaire qui reçoit le consentement des parents, le certificat d'indigence et la déclaration du percepteur mentionnés plus haut).

11. — *B*. Si l'un des parents est mort, il faut produire : 1º son acte de décès, 2º le consentement du survivant.

12. — *C*. Si le père et la mère sont morts, les pièces à fournir sont : 1º l'acte de décès du père, 2º l'acte de décès de la mère, 3º le consentement du grand-père et de la grand'-mère paternels, 4º le consentement du grand-père et de la grand'-mère maternels.

13. — Si les grands parents paternels n'étaient pas d'accord avec les grands parents maternels, le consentement d'une des deux lignes suffirait.

Si le grand-père et la grand'-mère d'une même ligne ne sont pas d'accord, l'avis du grand-père l'emporte ; ainsi, le consentement d'un grand-père du futur peut rendre le mariage possible encore que les *trois* autres grands parents veuillent s'y opposer.

Si les grands parents assistent au mariage et déclarent que le père et la mère sont morts, il n'est pas nécessaire de produire les actes de décès de ces derniers. (Avis du Conseil d'État du 4 thermidor, an XIII.)

14. — *D*. Si tous les ascendants sont morts,

régulièrement il faudrait produire tous leurs actes de décès, c'est-à-dire *six* actes de décès au moins (actes de décès : 1° du père, 2° de la mère, 3° et 4° du grand-père et de la grand'-mère paternels, 5° et 6° du grand-père et de la grand'-mère maternels).

Mais cela serait fort difficile, car bien des gens ignorent le lieu et la date du décès de leurs grands parents.

En ce cas il suffit : 1° que le futur fournisse l'acte de décès de son père et de sa mère; 2° que les deux futurs et les quatre témoins du mariage affirment, par serment, devant l'officier de l'état civil que le lieu et la date du décès des grands parents leur sont inconnus. (Avis du Conseil d'État du 4 thermidor, an XIII).

15. — *E*. Si tous les ascendants sont morts et si le futur a moins de 21 ans, il est nécessaire de produire le consentement du conseil de famille. Pour obtenir ce consentement, s'adresser soit par l'intermédiaire de son tuteur, soit directement au juge de paix du domicile dudit tuteur.

16. — *F*. Les enfants naturels reconnus par un seul de leurs parents ont à fournir le con-

sentement de ce parent, ou son acte de décès s'il est mort. Et dans ce dernier cas, en outre, s'ils sont mineurs de 21 ans, le consentement de leur conseil de famille.

17. — *G*. S'ils ont été reconnus par leur père et leur mère, ils doivent produire le consentement de l'un et de l'autre ou leurs actes de décès s'ils sont morts, et toujours dans ce dernier cas, s'ils sont mineurs, le consentement du conseil de famille.

18. — *H*. Les enfants naturels qui ont le malheur de n'avoir été reconnus ni par leur père ni par leur mère, sont libres de se marier à leur gré s'ils ont plus de 21 ans; s'ils sont mineurs de 21 ans, ils ont à produire le consentement d'un tuteur spécial que l'art. 159 du code civil appelle tuteur *ad hoc*.

19. — Le tuteur *ad hoc* est nommé par le tribunal du domicile de l'enfant naturel qui veut contracter mariage. Pour obtenir sa nomination, il faut s'adresser, si l'on n'est pas indigent à un avoué, si l'on est indigent au procureur près le tribunal qui doit procéder à la nomination. On remet en ce dernier cas à ce magistrat le certificat d'indigence délivré par le maire, et le certificat du percepteur constatant

la valeur des impositions payées par l'impétrant.

20. — Nous allons maintenant examiner une seconde série d'hypothèses : nous voulons parler des cas où les personnes dont le consentement au mariage projeté est nécessaire, refusent ce consentement.

Nous distinguerons entre le consentement des ascendants, et celui qui doit être donné par le conseil de famille ou par un tuteur *ad hoc*.

A. — Cas où le consentement exigé est celui d'un ascendant.

21. — 1° Toute fille mineure de 21 ans, tout homme qui n'a pas 25 ans accomplis, est dans *l'impossibilité absolue* de se marier, en présence du refus de consentement de l'ascendant sous l'autorité duquel il se trouve.

22. — 2° Les filles de 21 à 25 ans, les hommes de 25 à 30 ans, peuvent remplacer le consentement refusé par la production de *trois actes respectueux* notifiés à l'ascendant ou aux ascendants dont l'opposition ou l'inertie paralyse la célébration de l'union projetée.

Cette union se trouve en tout cas retardée de quatre mois, car un intervalle d'un mois doit s'écouler entre chaque acte respectueux, et le mariage ne peut être célébré qu'un mois après le dernier.

23. — Les actes respectueux sont des sortes de sommations qui sont faites par un notaire assisté de deux témoins, ou par deux notaires. Il y a donc lieu, en pareil cas, de confier ses intérêts à l'un de ces officiers publics. Pour que le notaire agisse gratuitement il faut se trouver dans le cas d'indigence légalement constatée. (1)

24. — 3° Après l'âge de 30 ans pour les garcons et de 25 ans pour les filles, il peut être, à défaut de consentement sur un acte respectueux, passé outre, un mois après, à la célébration du mariage.

25. — Envisageons maintenant quelques hypothèses particulières qui pourraient embarrasser nos lecteurs. Tout ascendant qui est dans l'impossibilité absolue de manifester sa volonté ne compte pas plus que s'il était mort.

---

(1) Nous rappelons une fois pour toutes que l'indigence est légalement constatée quand on produit : 1° un certificat d'indigence délivré par le maire ; 2° un certificat du percepteur constatant que l'impétrant ne paie pas 10 francs de contributions.

Si le père est dans l'impossibilité de manifester sa volonté, on ne se préoccupe plus que du consentement de la mère ; si le père et la mère sont dans l'impossibilité de manifester leur volonté, les aïeuls et aïeules les remplacent.

26. — Mais quand une personne est-elle réputée dans l'impossibilité de manifester sa volonté ?

1º Quand elle est *interdite* (c'est-à-dire quand le tribunal a déclaré qu'elle se trouvait dans un état habituel d'imbécillité, de démence ou de fureur).

2º Quand elle est séquestrée dans un asile d'aliénés.

3º Quand elle est absente ou présumée absente ; c'est-à-dire quand ayant disparu depuis longtemps sans donner de ses nouvelles, elle laisse douter de son existence.

27. — Comment se prouve l'impossibilité où se trouve un ascendant de manifester sa volonté ?

D'ordinaire par une expédition (copie) du jugement qui a prononcé l'interdiction ou l'absence (1) ; si l'ascendant est séquestré dans un

----

(1) Quand une personne a disparu et que son existence est douteuse, quatre ans après la réception des

asile d'aliénés, mais non interdit par un certificat du médecin directeur de l'établissement ; si l'ascendant qui a disparu n'a pas encore été déclaré absent par jugement, l'absence se prouve à l'aide d'un acte de notoriété délivré par le juge de paix du lieu où l'ascendant a eu son dernier domicile connu. Cet acte doit contenir la déclaration de quatre témoins appelés d'office par le juge de paix (art. 155).

28. — Voilà des renseignements qui peuvent être puisés dans le code, pour peu qu'on se donne la peine de les y chercher. Mais il peut arriver que l'on se trouve en présence d'une situation bien plus délicate et qui cependant se présente beaucoup plus fréquemment que celles que nous venons d'énumérer.

Comment faut-il agir si l'ascendant dont le consentement est nécessaire, sans être ni interdit, ni séquestré dans un asile d'aliénés, ne jouit pas cependant de ses facultés mentales ? Si, par exemple, il est *en enfance* ?

---

dernières nouvelles si elle n'a pas laissé de mandataire chargé de gérer ses affaires, dix ans après les dernières nouvelles si elle a laissé un mandataire, on peut demander au tribunal de déclarer par jugement que cette personne est absente, c'est-à-dire que son existence est incertaine. — Le jugement n'est prononcé qu'un an après la demande.

Sur ce point les jurisconsultes n'ont pas réussi à se mettre d'accord. Nous ne voulons pas discuter les diverses opinions qui se sont produites et dont aucune ne nous satisfait complètement : nous conseillons simplement à nos lecteurs de s'adresser en pareille occurrence au procureur de la République qui, suivant les cas, invitera l'officier de l'état civil à passer outre à la célébration du mariage, ou renverra l'impétrant à se pourvoir devant le tribunal pour faire interdire son ascendant, ou fera procéder par le juge de paix à l'établissement d'un sorte d'acte de notoriété.

29. — Autre cas dont il est bon de se préoccuper. L'ascendant a été condamné à une peine afflictive et infâmante (réclusion ou travaux forcés). Se trouve-t-il dans l'impossibilité légale de donner son consentement?

L'affirmative est généralement enseignée (1). On suppléerait au consentement par la production du jugement qui a frappé l'ascendant d'interdiction légale.

---

(1) Je crois, pour ma part, qu'elle est enseignée à tort ; mais la nature de cet ouvrage ne me permet pas d'entrer dans la discussion des idées accréditées, encore que je les considère comme dépourvues de fondement.

B.—Cas où le consentement au mariage est refusé par
le conseil de famille ou par le tuteur *ad hoc.*

30. — Dans cette hypothèse, on ne peut
se pourvoir que par la voie contentieuse,
c'est-à-dire en faisant un procès, en citant
devant le tribunal les membres du conseil de
famille ou le tuteur nommé par les magistrats.
(S'adresser à l'avoué si l'on n'est pas indigent,
dans le cas contraire, procéder sous le bénéfice
de l'assistance judiciaire).

Celui qui veut obtenir le bénéfice de l'assistance judiciaire, c'est-à-dire procéder sans
frais devant les tribunaux, doit s'adresser au
maire de sa commune et lui faire connaître
son intention ; le maire dresse procès-verbal
de cette déclaration, le procès-verbal joint aux
deux pièces justificatives de l'indigence est
adressé par l'intéressé au procureur près le
tribunal qui doit connaître de l'affaire.

31. — Oppositions : il peut arriver que le
mariage soit entravé par une *opposition,* c'est-
à-dire par une défense faite à l'officier de l'état
civil de procéder à la célébration de l'union
projetée.

On ne peut briser l'obstacle né de l'opposition qu'en présentant à l'officier de l'état
civil un jugement de main-levée. On se trouve

donc dans la nécessité d'intenter *un procès* (demande en main levée) contre l'opposant. S'adresser en conséquence à un avoué, ou, dans le cas où l'on est indigent demander l'assistance judiciaire.

III. — 3e pièce (ou 3e série de pièces) à produire :

LE CERTIFICAT DE PUBLICATIONS.

32. — Tout le monde sait que ceux qui veulent contracter mariage doivent faire connaître leur intention par des publications, *se faire afficher*, comme l'on dit communément.

Les publications se font pendant deux dimanches consécutifs à la porte de la mairie ; le mariage ne peut être célébré que *trois jours francs* après la seconde publication, c'est-à-dire, au plus tôt le jeudi suivant.

33. — Le procureur de la République peut accorder dispense de la seconde publication ; mais seulement à raison de motifs graves : par exemple, si l'un des futurs est un marin sur le point de s'embarquer, ou s'il s'agit d'un mariage *in extremis* (mariage contracté par deux personnes, dont l'une est sur le point de mourir) (1).

______

(1) Les mariages *in extremis* sont contractés d'ordinaire dans le but de légitimer des enfants nés d'un commerce antérieur.

34. — Les publications doivent être faites :

1º Au domicile de chacun des futurs époux, et, en outre,

2º Si le domicile des futurs époux n'est établi que par six mois de résidence à leur domicile réel.

Ceci mérite explication. Le domicile de toute personne est au lieu où est son principal établissement. C'est là, (1) strictement que son mariage devrait être célébré. Mais la loi permet, au bout de six mois de résidence dans un endroit donné, de se marier dans cet endroit encore que l'on n'y ait point son principal établissement, et, par conséquent, son domicile réel. Mais, dans ce cas, les publications doivent être faites non-seulement à l'endroit où le mariage sera célébré, mais aussi au domicile réel.

3º Si le futur est mineur de 25 ans, la fille mineure de 21 ans, et qu'ils aient encore des ascendants, les publications doivent être faites en outre au domicile des ascendants dont le consentement est exigé.

Paul, qui a son principal établissement à Lorient, veut se marier à Vannes où il réside

---

(1) Ou au domicile de l'autre conjoint.

depuis plus de six mois ; Sophie, la future, est domiciliée à Pontivy. — Mais le père et la mère de Paul, séparés de corps, habitent l'un Ploërmel, l'autre Loudéac, et Paul n'a que vingt-quatre ans. Mais, d'autre part, Sophie a perdu son père et sa mère, il ne lui reste qu'un grand-père paternel habitant Malestroit, et un grand-père maternel dont le domicile est à Rennes, et Sophie n'a que vingt ans.

Les publications devront être faites : 1º à Vannes ; 2º à Lorient ; 3º à Pontivy ; 4º à Loudéac ; 5º à Ploërmel ; 6º à Malestroit ; 7º à Rennes.

L'officier de l'état civil de Vannes, qui ne connaît que les publications faites à Vannes, devra exiger les certificats constatant qu'elles ont été également faites à Lorient, Pontivy, Loudéac, Ploërmel, Malestroit et Rennes !

Je dois ajouter que, fort souvent, les maires correspondent directement entre eux, et que les certificats nécessaires sont adressés, sans l'intervention des parties, à l'officier de l'état civil du lieu où le mariage doit être célébré. Mais, comme « on n'est jamais si bien servi que par soi-même, » je n'oserais conseiller à mes lecteurs de s'en rapporter, d'une manière absolue, à la diligence des officiers de l'état civil.

IV.—Quatrième pièce à produire :

LE CERTIFICAT DE LIBÉRATION DU SERVICE MILITAIRE.

35.—L'officier de l'état civil ne peut procéder à la célébration du mariage qu'autant que la situation du futur, au point de vue du service militaire, lui est connue, car les hommes qui font partie du premier ban de l'armée active ne peuvent se marier.

RÉSUMÉ.

36. — Nous pouvons résumer en un tableau les pièces à produire par ceux qui veulent se marier.

A.— Mineurs de 21 ans.

1° Acte de naissance, *ou* acte de notoriété, *ou* jugement établissant la naissance ;

2° Consentement de leurs parents, *ou* :

Actes de décès des parents morts et consentement des survivants, *ou* :

Actes de décès de tous leurs parents et consentement du conseil de famille, *ou* :

Pièces établissant que les parents sont dans l'impossibilité de consentir au mariage, et consentement du conseil de famille, *ou* :

Consentement donné par un tuteur *ad hoc* (disposition particulière aux enfants naturels non reconnus ou qui ont perdu leurs parents);

3º Certificats de publications;

4º Certificat constatant la situation du futur au point de vue du service militaire.

B.—Hommes de plus de 21 ans et de moins de 25 ans.

1º Acte de naissance, *ou* acte de notoriété, *ou* jugement établissant la naissance;

2º Consentement des parents, *ou* :

Actes de décès des parents morts et consentement des survivants, *ou* :

Acte de décès de tous les parents;

3º Certificats de publications;

4º Certificat de libération.

C. — Hommes de 25 à 30 ans; femmes de 21 à 25 ans.

1º Acte de naissance, *ou* acte de notoriété, *ou* jugement établissant la naissance;

2º Consentement des parents, *ou* :

Actes de décès des parents morts et consentement des survivants, *ou* :

Acte de décès de tous les parents, *ou* :

Trois actes respectueux;

3º Certificats de publication;

4º Certificat de libération du futur.

D. — Hommes au-dessus de 30 ans, et femmes au-dessus de 25 ans.

1º Acte de naissance, etc. (comme ci-dessus);

2º Comme ci-dessus, substituer seulement aux mots « *trois* actes respectueux » les mots « un seul acte respectueux. »

V.

37. — Lorsque toutes ces pièces sont réunies et produites, lorsque tous les délais légaux sont expirés, le mariage peut être célébré.

La célébration a lieu devant l'officier de l'état civil du domicile de l'une des deux parties, domicile qui peut n'être pas le domicile réel et que la loi considère comme suffisamment établi par six mois de résidence (art. 63 et 107 du code civil).

38. — Nous disons : « la célébration a lieu, » mais dans le cas seulement, bien entendu, où le mariage est possible, ainsi :

Art. 161. « En ligne directe, le mariage est prohibé entre tous les ascendants et descendants, légitimes ou naturels, et les alliés dans la même ligne. »

Art. 162. « En ligne collatérale, le mariage

est prohibé entre le frère et la sœur, légitimes ou naturels, et les alliés au même degré. »

Art. 163. « Le mariage est encore prohibé entre l'oncle et la nièce, la tante et le neveu. »

39. — Art. 164 (loi du 16 avril 1832). « Néanmoins, il est loisible au roi de lever, pour des causes graves, les prohibitions portées par l'art. 164 aux mariages entre beaux-frères et belles-sœurs, et par l'art. 163 aux mariages entre l'oncle et la nièce, la tante et le neveu. »

Si l'on veut user du bénéfice de l'art. 164, il faut se renseigner près du procureur de la République, seul capable de guider les parties dans le dédale de cette procédure compliquée.

SECTION II. — PRINCIPALES CONSÉQUENCES DU MARIAGE.

40. — Pour tout ce qui touche à « la fidélité, » au « secours, » à « l'assistance » que doivent se prêter mutuellement les époux, le juriste peut céder la parole au prêtre, car le législateur n'a fait que formuler en articles de loi les préceptes mêmes de la religion chrétienne.

41. — Nous nous contenterons d'appeler l'attention des lecteurs sur quelques détails

purement juridiques, qu'il est essentiel de connaître.

1° La femme ne peut ni donner, ni vendre, ni accepter à titre de donation, ni acheter quoi que ce soit sans le concours du mari dans l'acte, ou son consentement par écrit (art. 217, code civil).

Cette disposition doit être intelligemment entendue. Il ne faut pas conclure de l'art. 217 que la femme ne peut, par exemple, « *faire son marché* » sans se munir d'une autorisation maritale en bonne forme.

Pour tous les actes dont l'ensemble constitue l'administration du ménage et qui ne modifient pas la fortune des époux, l'autorisation du mari est sous-entendue ; mais quand un acte est de nature à modifier le patrimoine de la femme, cet acte ne peut être fait par la femme qu'avec l'autorisation de son mari.

42. — Le mari pourra-t-il donc, par simple caprice, empêcher la femme de faire à son patrimoine quelque modification avantageuse ? Non, car « si le mari refuse d'autoriser sa femme à passer un acte, la femme peut faire citer directement son mari (1) devant le tribu-

---

(1) S'adresser en ce cas à un avoué, ou, si l'on est indigent, demander l'assistance judiciaire.

nal de première instance de l'arrondissement du domicile commun, qui peut donner ou refuser son autorisation après que le mari aura été entendu ou dûment appelé dans la chambre du conseil (art. 219, code civil). »

43. — Art. 220. « La femme, si elle est marchande publique, peut, sans l'autorisation de son mari, s'obliger pour ce qui concerne son négoce, et, audit cas, elle oblige aussi son mari s'il y a communauté entre eux (1). Elle n'est pas réputée marchande publique si elle ne fait que détailler les marchandises du commerce de son mari, mais seulement quand elle fait un commerce séparé. »

44. — La femme ne peut *jamais ester en jugement*, c'est-à-dire faire un procès ou se défendre contre un procès à elle intenté, sans le consentement de son mari. — *Cette règle est sans exception.*

Mais l'autorisation du mari peut être remplacée par celle du tribunal que l'on demande, comme dans le cas où il s'agit de passer un contrat (voir un peu plus haut).

45. — On recourt à l'autorisation du tribunal non-seulement quand le mari ne *veut* pas,

____

(1) Et c'est là, comme nous le ferons voir tout à l'heure, le cas de la plupart des mariages d'ouvriers.

mais aussi quand il ne *peut* pas donner son consentement, ce qui arrive lorsqu'il est : 1º condamné à une peine afflictive et infâmante (réclusion, travaux forcés) ; 2º interdit (pour imbécillité, démence ou fureur) ; 3º absent (c'est-à-dire disparu sans qu'on sache ce qu'il est devenu) ; 4º mineur de 21 ans.

46. — La femme peut faire son testament sans l'autorisation de son mari.

47. — Art. 203. « Les époux contractent ensemble, par l'effet seul du mariage, l'obligation de nourrir, entretenir et élever leurs enfants. »

Art. 205. « Les enfants doivent des aliments à leurs pères et mères et autres ascendants qui sont dans le besoin. »

Art. 206. « Les gendres et belles-filles doivent également, et dans les mêmes circonstances, des aliments à leurs beau-père et belle-mère, mais cette obligation cesse : 1º lorsque la belle-mère a convolé en secondes noces ; 2º lorsque celui des époux qui produisait l'affinité (l'alliance), et les enfants issus de son union avec l'autre époux sont décédés. »

Art. 207. « Les obligations résultant de ces dispositions sont réciproques. »

Art. 208. « Les aliments ne sont accordés que dans la proportion du besoin de celui qui les réclame et de la fortune de celui qui les doit. »

Art. 209. « Lorsque celui qui fournit ou celui qui reçoit des aliments est replacé dans un état tel, que l'un ne puisse plus en donner ou que l'autre n'en ait plus besoin en tout ou en partie, la décharge ou réduction peut en être demandée. »

Art. 210. « Si la personne qui doit fournir les aliments justifie qu'elle ne peut payer la pension alimentaire, le tribunal pourra, en connaissance de cause, ordonner qu'elle recevra dans sa demeure, nourrira et entretiendra celui auquel elle devra des aliments. »

Art. 211. « Le tribunal prononcera également si le père ou la mère qui offrira de recevoir, nourrir et entretenir dans sa demeure l'enfant à qui il devra des aliments, devra, dans ce cas, être dispensé de payer la pension alimentaire. »

48. — 3° Une conséquence fort importante du mariage, c'est la *puissance paternelle* à laquelle nous consacrerons plus loin une étude spéciale.

49. — 4⁰ L'étude des relations pécuniaires qui existent entre les époux à la suite du mariage, des *régimes matrimoniaux* comme disent les jurisconsultes, nécessiterait des développements longs et compliqués qui sortiraient du programme de cet opuscule. Nous croyons cependant devoir esquisser à grands traits les principales conséquences du régime adopté par les époux.

50. — *A.* Lorsque les époux se marient sans passer de contrat devant notaire (ce qui est le cas de presque tous les ouvriers), ils se trouvent mariés sous le régime de la communauté.

Tous leurs biens, à l'exception des immeubles (c'est-à-dire des fonds de terre et des maisons), se trouvent mis en commun.

Ainsi, je suppose qu'un des époux ait apporté deux cents francs, que l'autre n'ait rien apporté du tout, quand le mariage se trouve dissous par la mort du premier, le second, quoiqu'il n'ait rien apporté du tout, prend cent francs, tandis que l'autre moitié de l'actif va aux héritiers de l'époux décédé.

Les dettes deviennent communes de même que les biens. Un des époux a deux cents francs de dettes, l'autre n'a pas de dettes du tout.

Le premier meurt peu après le mariage. Le survivant a à payer cent francs bien qu'il n'ait contracté aucune dette.

Tout, en effet, est mis en commun actif et passif.

51. — Mais si c'est la femme qui survit, elle a le droit de refuser la communauté, c'est-à-dire de se dispenser de payer aucune part des dettes, à condition de ne prendre aucune part des biens de la communauté.

Il faut d'ailleurs qu'elle ait grand soin de ne toucher à aucune valeur de la communauté, car si elle s'immisçait dans la disposition de l'actif, elle ne pourrait plus s'affranchir du paiement des dettes en renonçant à la communauté. — Lorsque je commençais l'étude du droit, j'ai entendu souvent raconter à mon professeur l'histoire de la veuve d'un barbier de campagne qui, pour avoir touché le prix de deux barbes (soit 20 centimes) dues à son mari, n'avait pu par la suite renoncer à la communauté, et s'était trouvée obligée de payer deux ou trois cents francs de dettes. (1)

____

(1) J'ajoute que la sévérité avec laquelle le tribunal avait interprété la loi m'avait paru, et me parait encore parfaitement absurde.

52. — Le mari dispose librement de tout ce qui appartient à la communauté ; il peut dissiper les biens s'il lui plaît.

53. — *B.* Sous le régime *sans communauté* (je suppose que les époux ont fait un contrat de mariage, car sans cela ils seraient nécessairement mariés sous le régime de la communauté), chaque époux conserve en propre les biens qu'il possédait au moment du mariage ; mais tous les bénéfices faits par l'un ou l'autre époux pendant le mariage (je dis les *bénéfices* et non les *héritages*) appartiennent *exclusivement au mari.*

54. — *C.* Sous le régime de *séparation de biens,* chacun des époux administre séparément ce qui lui appartient et contribue pour sa part aux charges du ménage. La part de chacun est fixée par le contrat ; si le contrat est muet sur ce point, la femme doit remettre au mari, pour être employé au profit du ménage, le tiers de ses revenus.

55. — *D.* Sous ce régime dotal, le bien apporté en dot par la femme ne peut être vendu ni par son mari, ni par elle-même avec l'autorisation de son mari.

Par bien apporté en dot, il faut entendre le

bien qu'elle a déclaré en se mariant apporter à son conjoint.

Nous considérons d'ailleurs comme à peu près inutiles à nos lecteurs tous les détails qui ne concernent pas le régime de la communauté. Si nous disons quelques mots des autres régimes ce n'est absolument que pour mémoire.

— Quiconque fait un contrat se remet par cela même entre les mains des hommes d'affaires, et, guidé par leurs conseils, n'a pas besoin des nôtres.

SECTION III. — DE LA SÉPARATION DE CORPS.

56. — Le mariage est indissoluble aux yeux de la loi comme aux yeux de la religion. Il peut se faire cependant que, grâce à la perversité humaine, la cohabitation devienne impossible et intolérable aux deux époux.

C'est alors qu'on recourt à ce triste remède qui s'appelle la séparation de corps.

La séparation de corps consiste, suivant la définition que nous en avons nous-même donnée dans un ouvrage plus étendu, dans « l'autorisation accordée à la femme d'avoir un domicile séparé, la défense faite au mari de forcer sa femme à une cohabitation devenue intolérable. »

57. — Les causes de séparation de corps peuvent se ramener toutes à trois catégories de faits : excès, sévices, injures graves. Les tribunaux ont une très grande latitude d'appréciation en pareille matière.

58. — L'adultère est au premier chef une injure grave. L'adultère de la femme est toujours un motif suffisant de séparation ; l'adultère du mari ne peut servir à fonder *seul* une action en séparation de corps qu'autant « que le mari aura entretenu sa concubine dans la maison conjugale. »

D'autre part, la femme adultère peut, sur les réquisitions du ministère public, être condamnée à un emprisonnement de trois mois à un an. Le mari adultère n'a à redouter aucune pénalité. On présente en faveur de cette inégalité, plusieurs arguments qui ne m'ont point convaincu et qui ne sont point assurément basés sur la morale pure.

59. — On ne parvient à la séparation de corps qu'au moyen d'un procès ; c'est donc à l'avoué qu'il faut s'adresser. — On peut recourir, bien entendu, en cas d'indigence, au bénéfice de l'assistance judiciaire.

DE LA PATERNITÉ ET DE LA FILIATION.

DE LA RECONNAISSANCE, DE LA LÉGITIMATION DES ENFANTS NATURELS.

DU DÉSAVEU DES ENFANTS LÉGITIMES.

60. — On appelle *enfants naturels simples*, les enfants nés des relations de deux personnes qui auraient pu se marier, mais qui n'étaient pas mariés au moment où ils ont été conçus.

61. — On donne le nom d'enfants adultérins, aux enfants nés du commerce de deux individus dont l'un, au moment de la conception, était marié avec une personne autre que son concubin.

Les enfants incestueux sont ceux qui doivent le jour à deux personnes dont le mariage est prohibé par la loi : par exemple, un père et une fille, un frère et une sœur.

62. — Reconnaître un enfant naturel c'est avouer qu'on en est le père ou la mère, et accepter, vis-à-vis de cet enfant, les devoirs de la paternité ou de la maternité.

On peut reconnaître les enfants naturels simples, mais on ne peut reconnaître les enfants incestueux ou adultérins. La loi a proscrit comme un scandale l'aveu de relations deux fois honteuses et inavouables.

63. — La reconnaissance est personnelle. Celle du père ne crée à la mère aucun devoir, et réciproquement.

64. — La reconnaissance d'un enfant naturel peut être faite : 1° dans l'acte de naissance de cet enfant ; 2° postérieurement à la naissance dans un acte reçu par un notaire.

La reconnaissance ne peut être faite par l'entremise d'un mandataire, à moins que ce mandataire ne soit muni d'une procuration notariée et spéciale.

65. — Un enfant naturel non reconnu peut contraindre sa mère à accepter la responsabilité de sa naissance , parce qu'il peut prouver l'accouchement de celle-ci , et son identité avec le fruit de cet accouchement. C'est par le moyen d'un procès que l'enfant naturel établit sa filiation maternelle.

66. — La paternité, au contraire, ne peut être recherchée, parce que la conception est un fait instantané qui échappe à l'investigation humaine.

Il est en réalité presque impossible de dire quel est le père d'un enfant donné ; tout ce que l'on peut espérer, c'est d'arriver à des conjectures vraisemblables ; mais la certitude fait toujours défaut.

Cependant, une femme qui a été l'objet d'un viol ou d'un enlèvement, une jeune fille mineure qu'un homme a détournée de ses devoirs, peuvent intenter un procès au ravisseur ou au séducteur afin de le faire déclarer le père de l'enfant qu'elles ont mis au monde.

Les juges ne sont pas obligés assurément d'accepter les yeux fermés la déclaration de la plaignante ; mais si la vertu de celle-ci leur paraît n'avoir subi d'autre atteinte que celle qui a été la conséquence de l'agression ou des manœuvres dont elle a été victime, si, d'autre part, l'époque de la conception se rapporte à celle du rapt ou de la séduction, ils pourraient déclarer que l'enfant est né des œuvres du ravisseur ou du séducteur.

L'enfant né de la fille séduite ou violée a le droit, comme sa mère, de rechercher la paternité.

67. — Les enfants naturels reconnus, et ceux qui ont fait déclarer par le tribunal la

paternité ou la maternité, n'ont pas les mêmes droits de succession que les enfants légitimes. Leurs droits varient avec la qualité des parents légitimes avec lesquels ils partagent la succession de leurs auteurs.

68.— Les enfants naturels reconnus peuvent être légitimés par le mariage de leurs parents. Mais il faut que la reconnaissance soit faite au plus tard dans l'acte de mariage. Beaucoup de gens illettrés se créent de grands embarras dans l'avenir parce qu'ils ne connaissent point cette disposition. Il arrive bien souvent qu'un homme et une femme qui ont un enfant négligent d'en faire la déclaration à l'officier de l'état civil qui les marie, et se trouvent, par la suite, dans l'impossibilité de réparer complètement leur faute en conférant la légitimité à l'enfant qui en est le fruit.

69. — Nous avons dit tout à l'heure qu'il était matériellement impossible de savoir quel était le père d'un enfant donné, et que c'était pour cela que la loi avait interdit la recherche de la paternité. Le scepticisme du législateur, fort rationnel en matière de débauche, fut devenu une insulte aux affections les plus respectables, s'il n'avait été désarmé par la sainteté

du lien conjugal ; — aussi la loi a-t-elle posé en principe que « l'enfant né pendant le mariage a pour père le mari. »

70. — Et, cependant, il y a des femmes qui mentent à la foi conjugale, qui introduisent des bâtards dans le sein de la famille ! Fallait-il imposer au mari l'obligation d'élever, comme ses enfants, des êtres qui ne sont pas nés de son sang, dont la conception a été la plus cruelle offense qui put lui être infligée ? L'abnégation humaine a des limites qu'il n'est pas donné à tout le monde de dépasser.

Le législateur (qui n'écrit point pour des saints) l'a bien compris. Il a, en conséquence, institué l'action, le procès en désaveu qui permet à l'époux outragé de chasser de la famille les enfants qui y sont entrés sans son concours.

71. — Les principes sur lesquels repose la théorie de l'action en désaveu sont très faciles à comprendre. La science a remarqué que la plus longue grossesse n'excédait pas 300 jours, et que la plus courte ne durait pas moins de 180 jours. Tout enfant né à terme a donc été conçu à un moment quelconque de la période de 120 jours qui s'étend entre le trois centième

et le cent quatre-vingtième jour avant l'accouchement.

Si donc le mari prouve qu'à aucun moment
de cette période de 120 jours que nous ap-
pellerons la période de conception, il n'a pu
avoir de relations avec sa femme, il prouvera
par cela-même que l'enfant qu'elle a mis au
monde n'est pas de lui.

72. — S'il prouve que la période de conception s'est écoulée tout entière avant le
mariage (ce qui arrive lorsque l'enfant est né
moins de 180 jours après le mariage), l'enfant
sera déclaré illégitime.

Mais à condition cependant que le mari n'ait
pas connu la grossesse au moment du mariage,
car, en ce cas, il y a lieu de présumer que
cette grossesse qui ne l'a pas fait hésiter au
pied de l'autel est son œuvre, — que l'acte de
naissance ne contienne pas sa signature ou sa
déclaration qu'il ne sait signer, car il est bien
difficile d'admettre qu'il ait souffert qu'on
enregistrât sous *son* nom, en *sa* présence, un
enfant dont il savait n'être point le père.

73. — Si la période de conception s'est écoulée, en tout ou en partie, depuis la célébration
du mariage, c'est-à-dire si l'enfant est né plus

de 180 jours après cette célébration, le rôle du mari deviendra naturellement plus difficile.

Comment prouvera-t-il qu'il n'a pas eu de relations avec sa femme? fait complètement invraisemblable.

La loi ne lui a pas laissé le champ libre : il faudra qu'il démontre que, pendant *toute* la période de conception, il était ou : 1º éloigné de sa femme ; 2º ou dans l'impossibilité, à raison de quelque accident ou de quelque maladie survenue depuis le mariage, de cohabiter avec elle.

La loi accepterait d'autres faits justificatifs de non paternité, si le mari démontrait préalablement 1º que sa femme a commis un adultère ; 2º que la naissance de l'enfant lui a été cachée.

74. — Un cas de désaveu assez fréquent est celui qui se présente lorsqu'une femme, séparée de corps, met au monde un enfant qui est inscrit et qui *doit* d'ailleurs être inscrit sous le nom de son mari.

Au début d'un procès en séparation de corps, le président rend une ordonnance qui autorise la femme à avoir un domicile séparé. Si la femme accouche d'un enfant plus de trois cents jours après cette ordonnance, cet enfant pourra être désavoué.

Mais si les époux se sont réconciliés, le désaveu ne pourra avoir lieu qu'autant que la naissance se sera produite plus de 300 jours après l'ordonnance du président, et moins de 180 jours après la réconciliation, c'est-à-dire que la période de conception se sera écoulée tout entière pendant que les époux étaient éloignés.

C'est à la femme à prouver qu'il y a eu réconciliation, si ce fait est contesté par le mari.

Nous ne voulons pas insister davantage sur un sujet si délicat. Les actions en désaveu ne sont heureusement pas très communes, et il est bon de ne pas les intenter sans consulter préalablement quelque personne expérimentée.

75. — Lorsqu'un enfant est né plus de 300 jours après le décès du mari de la mère, il résulte des principes que nous avons posés sur la durée des plus longues grossesses, que cet enfant n'est pas né des œuvres du défunt.

Il ne doit donc pas hériter de celui-ci. Aussi, les héritiers véritables, que son maintien dans la famille dépouillerait injustement, peuvent-ils lui intenter un procès en contestation de légitimité. D'autant mieux que le succès de ce procès serait certain.

DE LA PUISSANCE PATERNELLE.

76.— La puissance paternelle sur les enfants nés du mariage appartient au père tant qu'il existe, et à la mère lorsque le père est décédé.

La puissance paternelle se compose de quatre attributs :

1º Droit de garde et d'éducation ;
2º Droit de correction ;
3º Droit d'administration ;
4º Droit de jouissance légale.

A. — Droit de garde.

77. — C'est le droit d'obliger l'enfant à résider sous le toit paternel. L'enfant ne peut abandonner ce toit sans permission ; si ce n'est après l'âge de 20 ans, pour enrôlement volontaire.

B. — Droit de correction.

78. — C'est la faculté attribuée au père, ou plus généralement à l'époux investi de la puissance paternelle, de faire détenir dans une maison de correction, pendant un temps qui varie avec l'âge du mineur, l'enfant dont la conduite lui fournit de graves sujets de mécontentement.

79. — 1° *Droit de correction exercé par le père.* — Pour obtenir l'incarcération de l'enfant, le *père* doit s'adresser au *président du tribunal.*

Le président peut refuser l'ordre d'arrestation, ou abréger le temps de la détention dans les cas suivants :

1° Lorsque le père est remarié.

2° Lorsque l'enfant a plus de 15 ans révolus.

3° Lorsque l'enfant a des biens personnels.

4° Lorsque l'enfant exerce un état.

Dans tout autre cas, le président du tribunal ne peut refuser l'ordre d'arrestation au père qui le sollicite.

Si l'enfant a moins de 15 ans révolus, le maximum de la détention est d'un mois. S'il a dépassé cette limite, la détention peut être prolongée jusqu'à six mois.

80. — 2° *Droit de correction exercé par la mère.* — La mère ne peut exercer le droit de correction qu'avec le concours de deux parents paternels. — Le président peut toujours lui refuser l'ordre d'arrestation.

La mère remariée perd le droit de correction.

81. — Le père ou la mère qui veulent faire détenir leur enfant sont obligés de s'engager : 1° à payer tous les frais, 2° à fournir les aliments convenables.

On incarcère ses enfants pour les corriger, mais non pour les faire nourrir aux frais de l'État. Le législateur n'a pas voulu que la correction paternelle put dégénérer en spéculation.

82. — L'enfant incarcéré a le droit de protester dans un mémoire adressé au premier président de la cour d'appel. Il faut faire remettre ce mémoire au procureur de la République qui se charge de le transmettre. — Le premier président peut ordonner l'élargissement ou **abréger la détention.**

C. — Droit d'administration.

83. — Le père (et après son décès la mère) est, de droit, administrateur de tous les biens de ses enfants, jusqu'à ce que ceux-ci aient atteint l'âge de 21 ans. Peu importe qu'il ait ou non la jouissance de ces biens. Le droit d'administration est une attribution d'ordre public dont il ne peut être dépouillé.

D. — Droit de jouissance.

84. — C'est le droit de percevoir et de s'appliquer tous les revenus des biens de l'enfant, jusqu'à ce que celui-ci soit âgé de 18 ans accomplis.

85. — Ce droit de jouissance n'est pas d'ordre public comme le droit d'administration. Aussi peut-on y porter atteinte ; la loi elle-même y a apporté des restrictions. — Ainsi ne sont pas soumis à la jouissance légale du père :

1° Les biens que l'enfant a acquis par son travail ;

2° Ceux qui lui ont été donnés ou légués, à condition que ses parents n'en auraient pas la jouissance légale ;

3° Ceux qui proviennent d'une succession dont le père a été écarté comme *indigne.*

(On déclare indigne de la succession d'une personne l'héritier qui a tué ou tenté de tuer cette personne, qui a porté contre elle une accusation capitale jugée calomnieuse, ou qui, instruit du meurtre de cette personne, ne l'a pas dénoncé à la justice).

86. — Le père est obligé, à raison de son droit de jouissance légale :

1° De nourrir, élever et entretenir l'enfant suivant ses moyens ;

2° De gérer les biens dont il a la jouissance avec tous les soins d'un bon père de famille ;

3° Si les biens appartenant à l'enfant proviennent, ce qui est le cas le plus habituel, de quelque succession, le père, usufruitier légal, doit payer les intérêts échus des dettes de cette succession. — Il doit aussi payer les frais de la dernière maladie et de l'enterrement de la personne dont l'enfant a hérité.

Ainsi, Pierre est mort, laissant son bien à Jacques, fils de Joseph. Pierre devait une somme de 100 francs dont les intérêts n'avaient pas été payés depuis trois ans. Joseph, pour jouir des biens dont hérite son fils Jacques, est obligé de payer : 1° les trois années d'intérêts échus (soit 15 francs) ; 2° les frais de la dernière maladie et de l'enterrement de Pierre.

87. — La mère qui se remarie perd toute espèce de droit à l'usufruit légal.

DE LA TUTELLE.

88. — Sont en tutelle tous les individus mineurs de 21 ans, qui ont perdu soit leur père, soit leur mère, soit l'un et l'autre.

89. — Être en tutelle c'est se trouver, quant à sa personne et à ses biens, placé sous la protection d'un individu majeur, qui est chargé de prendre soin de l'une et des autres. — Le protecteur légal du mineur est appelé tuteur.

90. — Il est lui-même soumis au contrôle d'un surveillant appelé subrogé tuteur, dont la responsabilité, quoique plus limitée, a cependant son importance.

91. — La loi, enfin, a placé auprès du tuteur une sorte de tribunal de famille devant lequel le subrogé tuteur peut le déférer, quand il le juge à propos, et qui, en outre, l'assiste dans l'accomplissement de certains actes importants pour le mineur. — Ce tribunal, c'est le conseil de famille.

Enfin, quand les actes qui intéressent le mineur paraissent présenter une gravité exceptionnelle, le tribunal d'arrondissement lui-même est appelé à donner son avis sur leur opportunité.

92. — Nous allons indiquer sommairement les obligations du tuteur.

Le tuteur doit prendre soin de la personne du mineur, le recevoir chez lui s'il n'a plus ni père ni mère, l'élever, le nourrir et le faire instruire conformément à sa condition. — Dans le cas où le mineur n'a perdu que l'un de ses parents, il continue à résider auprès du survivant, toujours investi du *droit de garde*. (Voir plus haut, *de la puissance paternelle*). Mais le domicile légal du mineur est chez son tuteur, c'est là que doivent le faire assigner ceux qui ont un procès avec lui.

En ce qui concerne les biens du pupille, le tuteur doit :

1º En constater la valeur..... Il doit recourir à un inventaire toutes les fois que cela est possible, eu égard aux ressources du pupille. — En pareille matière, il est bon de se laisser guider par le juge de paix qui n'a pas qualité officielle pour intervenir, mais qui ne refuse point ses conseils officieux.

2º L'inventaire fait, procéder à la vente aux enchères de tous les objets qui seraient sujets à dépérissement.

Le prix de ces objets, s'il n'est pas absorbé par des besoins urgents, doit être placé au profit du mineur ;

3º Gérer, avec tous les soins d'un bon père de famille, les biens conservés en nature.

Lorsque la tutelle vient à prendre fin pour quelque cause que ce soit, majorité ou mort du pupille, remplacement du tuteur, le tuteur est obligé de fournir, soit au pupille devenu majeur, soit à ses héritiers, soit au nouveau tuteur, un compte de tutelle, c'est-à-dire un état des recettes et des dépenses faites pour le compte du mineur.

Le conseil de famille peut exiger du tuteur des comptes provisoires.

93. — *A.* Le tuteur peut d'ordinaire faire seul les actes qui intéressent le pupille.

B. Il a besoin de l'autorisation du conseil de famille : 1º pour accepter ou répudier une succession échue au mineur ; 2º pour accepter une donation qui lui est offerte ; 3º pour intenter un procès concernant les biens immeubles (fonds ou maisons) qui peuvent appartenir au mineur ; 4º pour provoquer devant le tribunal **un partage intéressant le mineur.**

C. Il a besoin de l'autorisation du conseil de famille et de l'approbation du tribunal (cette approbation s'appelle *homologation)* : 1o pour faire un emprunt ; 2o pour vendre ou échanger les immeubles du mineur ; 3o pour les hypothéquer.

D. Le mineur figure en personne dans son contrat d'apprentissage.

(Notre énumération est incomplète, nous ne l'ignorons point, mais nous tenons à ne fournir à nos lecteurs que des principes d'un intérêt pour ainsi dire journalier. Tout fait juridique qui sort du domaine des relations habituelles est omis à dessein dans cet opuscule).

Lorsqu'on veut obtenir une autorisation du conseil de famille, il faut aller trouver le juge de paix, président de ce conseil, qui en convoque les membres. Pour obtenir une autorisation du tribunal, on recourt au ministère d'un avoué.

Fonctions du subrogé tuteur.

94. — Le subrogé tuteur doit assister à l'inventaire imposé au tuteur lors de son entrée en fonctions. Il doit au besoin forcer le tuteur à faire cet inventaire.

Si le tuteur néglige ou compromet par sa gestion les intérêts du pupille, le subrogé tuteur provoque sa destitution par le conseil de famille.

Si la tutelle devient vacante par suite de la mort, de l'absence ou de la destitution du tuteur, il doit provoquer la nomination d'un nouveau tuteur et faire réunir, à cet effet, le conseil de famille.

Le subrogé tuteur prend la place du tuteur quand celui-ci a un procès contre son pupille. C'est à lui qu'il appartient de se mettre en rapport avec les hommes d'affaires et de suivre le procès.

S'il néglige de remplir quelqu'une des obligations qui lui sont imposées par la loi, il est responsable de tout le préjudice que le mineur peut éprouver à cette occasion, et, par conséquent, tenu de réparer ce préjudice.

Comment devient-on tuteur ?

95. — Le survivant des père et mère est de *droit* tuteur de ses enfants mineurs.

Le dernier mourant des père et mère peut désigner, par acte de dernière volonté, le tuteur des orphelins qu'il laisse après lui.

S'il n'y a pas de tuteur testamentaire, les ascendants (grands-pères ou bisaïeuls de l'enfant) sont de droit appelés à la tutelle. Parmi les ascendants, la loi préfère le plus proche. A degrés égaux, la tutelle passe à celui dont l'*enfant porte le nom*. Si l'enfant ne porte le nom ni de l'un ni de l'autre (ce qui arrive lorsque les ascendants en concours sont des bisaïeuls maternels), le conseil de famille prononce entre les concurrents.

Lorsque des mineurs n'ont aucun ascendant vivant et que le dernier mourant des père et mère ne lui a pas désigné un tuteur, le tuteur est nommé par le conseil de famille.

Le conseil de famille nomme toujours le subrogé tuteur.

La mère qui se remarie perd de plein droit la tutelle, elle est néanmoins obligée de remplir les fonctions de tutrice jusqu'à ce qu'on ait nommé un nouveau tuteur.

Elle peut d'ailleurs être renommée tutrice par le conseil de famille. Son nouveau mari est de droit, dans ce cas, cotuteur, c'est-à-dire qu'il doit veiller, comme la tutrice, aux intérêts des mineurs, et qu'il est responsable, au même titre qu'elle, non-seulement de ses fautes personnelles, mais aussi des fautes commises par sa femme.

96. — *Excuses et décharges.* On n'est pas libre de refuser une tutelle. On ne peut s'en exempter qu'autant qu'on est dans un cas d'excuse prévu par la loi. Nous nous bornerons à faire connaître les cas d'excuse qui sont de nature à intéresser nos lecteurs.

On peut demander à être dispensé de la tutelle lorsque :

1° On a cinq enfants vivants. Les enfants morts sous les drapeaux, c'est-à-dire en activité de service, sont comptés comme s'ils vivaient encore ;

2° Lorsqu'on est déjà chargé de deux tutelles. La tutelle de plusieurs frères et sœurs dont le patrimoine n'est pas partagé ne compte que pour une seule charge de tutelle ;

3° Lorsqu'on est âgé de plus de 65 ans ;

4° Lorsqu'on n'est pas parent du mineur et que des parents de celui-ci sont domiciliés dans un rayon de moins de quatre myriamètre (dix lieues);

5° Lorsqu'on est atteint d'infirmités graves ;

6° La mère peut toujours refuser la tutelle de ses enfants mineurs, mais elle doit la conserver si elle l'a une fois acceptée.

97. — On ne peut se faire décharger d'une tutelle entreprise que dans deux cas :

1° Lorsqu'on se trouve atteint d'infirmités

graves ; 2º Lorsqu'on a atteint 70 ans ; encore exige-t-on qu'on n'ait pas accepté la tutelle après l'âge de 65 ans.

Les excuses sont proposées au conseil de famille ; mais, si le conseil de famille les repousse, on peut se pourvoir devant le tribunal contre sa décision.

Qualités exigées des tuteurs.

98. — Pour être tuteur, il faut en général être mâle, majeur et citoyen français. Exceptionnellement les femmes peuvent et doivent être tutrices de leurs enfants (mais non de leurs petits-enfants).

99. — Sont exclus de la tutelle (ou destituables s'ils sont tuteurs en exercice) :

1º Les condamnés à une peine afflictive et infâmante ;

2º Les gens d'une inconduite notoire.

100. — Sont destituables : les tuteurs dont la gestion attesterait l'incapacité ou l'infidélité. C'est le conseil de famille qui prononce la destitution , et c'est le subrogé tuteur qui provoque la convocation du conseil de famille. Il se rend, à cet effet, chez le président de ce conseil, c'est-à-dire chez le juge de paix, qu'il met au courant de la situation.

TABLE DES MATIÈRES.

DU MARIAGE.

II. — Deuxième pièce à produire.

LE CONSENTEMENT DES PERSONNES QUI ONT AUTORITÉ SUR LE FUTUR ÉPOUX.

SECTION II. — PRINCIPALES CONSÉQUENCES DU MARIAGE.

SECTION III. — DE LA SÉPARATION DE CORPS.

DE LA PATERNITÉ ET DE LA FILIATION.

DE LA RECONNAISSANCE, DE LA LÉGITIMATION DES ENFANTS NATURELS.

DU DÉSAVEU DES ENFANTS LÉGITIMES.

DE LA PUISSANCE PATERNELLE.

DE LA TUTELLE.

ERRATUM.

§ 8. — Coût de l'acte de notoriété : *au lieu de* 5ᶠ,25 *lire* 7ᶠ,10. — A Paris, le coût s'élève à 7ᶠ,95.

[illegible]